中华人民共和国
出境入境管理法

中华人民共和国
外国人入境出境管理条例

法 律 出 版 社
·北 京·

图书在版编目（CIP）数据

中华人民共和国出境入境管理法　中华人民共和国外国人入境出境管理条例. -- 北京：法律出版社，2025.
ISBN 978-7-5244-0750-8

Ⅰ. D922.14;D922.13

中国国家版本馆 CIP 数据核字第 20255XP707 号

中华人民共和国出境入境管理法　中华人民共和国外国人入境出境管理条例
ZHONGHUA RENMIN GONGHEGUO CHUJING RUJING GUANLIFA
ZHONGHUA RENMIN GONGHEGUO WAIGUOREN RUJING CHUJING GUANLI TIAOLI

出版发行　法律出版社	开本　850 毫米×1168 毫米　1/32
编辑统筹　法规出版分社	印张 1.5　字数 27 千
责任编辑　张红蕊	版本 2025 年 8 月第 1 版
装帧设计　臧晓飞	印次 2025 年 8 月第 1 次印刷
责任校对　陶玉霞	印刷　保定市中画美凯印刷有限公司
责任印制　耿润瑜	经销　新华书店

地址：北京市丰台区莲花池西里 7 号（100073）
网址：www.lawpress.com.cn　　　　销售电话：010-83938349
投稿邮箱：info@lawpress.com.cn　　客服电话：010-83938350
举报盗版邮箱：jbwq@lawpress.com.cn　咨询电话：010-63939796
版权所有·侵权必究

书号：ISBN 978-7-5244-0750-8　　　　定价：6.00 元
凡购买本社图书，如有印装错误，我社负责退换。电话：010-83938349

目　　录

中华人民共和国出境入境管理法

第一章　总　　则 …………………………………（ 2 ）
第二章　中国公民出境入境 ………………………（ 4 ）
第三章　外国人入境出境 …………………………（ 5 ）
　第一节　签　　证 ………………………………（ 5 ）
　第二节　入境出境 ………………………………（ 8 ）
第四章　外国人停留居留 …………………………（ 10 ）
　第一节　停留居留 ………………………………（ 10 ）
　第二节　永久居留 ………………………………（ 15 ）
第五章　交通运输工具出境入境边防检查 ………（ 15 ）
第六章　调查和遣返 ………………………………（ 18 ）
第七章　法律责任 …………………………………（ 21 ）
第八章　附　　则 …………………………………（ 27 ）

中华人民共和国外国人入境出境管理条例

第一章　总　　则 …………………………………（ 29 ）
第二章　签证的类别和签发 ………………………（ 30 ）

第三章　停留居留管理 …………………………（34）
第四章　调查和遣返 ……………………………（40）
第五章　附　　则 ………………………………（42）

中华人民共和国
出境入境管理法

(2012年6月30日第十一届全国人民代表大会常务委员会第二十七次会议通过 2012年6月30日中华人民共和国主席令第五十七号公布 自2013年7月1日起施行)

目 录

第一章 总　　则
第二章 中国公民出境入境
第三章 外国人入境出境
　第一节 签　　证
　第二节 入境出境
第四章 外国人停留居留
　第一节 停留居留
　第二节 永久居留
第五章 交通运输工具出境入境边防检查

第六章　调查和遣返

第七章　法律责任

第八章　附　　则

第一章　总　　则

第一条　为了规范出境入境管理，维护中华人民共和国的主权、安全和社会秩序，促进对外交往和对外开放，制定本法。

第二条　中国公民出境入境、外国人入境出境、外国人在中国境内停留居留的管理，以及交通运输工具出境入境的边防检查，适用本法。

第三条　国家保护中国公民出境入境合法权益。

在中国境内的外国人的合法权益受法律保护。在中国境内的外国人应当遵守中国法律，不得危害中国国家安全、损害社会公共利益、破坏社会公共秩序。

第四条　公安部、外交部按照各自职责负责有关出境入境事务的管理。

中华人民共和国驻外使馆、领馆或者外交部委托的其他驻外机构（以下称驻外签证机关）负责在境外签发外国人入境签证。出入境边防检查机关负责实施出境入境边防检查。县级以上地方人民政府公安机关及其出入境管理机构负责外国人停留居留管理。

公安部、外交部可以在各自职责范围内委托县级以上地方人民政府公安机关出入境管理机构、县级以上地方人民政府外事部门受理外国人入境、停留居留申请。

公安部、外交部在出境入境事务管理中，应当加强沟通配合，并与国务院有关部门密切合作，按照各自职责分工，依法行使职权，承担责任。

第五条 国家建立统一的出境入境管理信息平台，实现有关管理部门信息共享。

第六条 国家在对外开放的口岸设立出入境边防检查机关。

中国公民、外国人以及交通运输工具应当从对外开放的口岸出境入境，特殊情况下，可以从国务院或者国务院授权的部门批准的地点出境入境。出境入境人员和交通运输工具应当接受出境入境边防检查。

出入境边防检查机关负责对口岸限定区域实施管理。根据维护国家安全和出境入境管理秩序的需要，出入境边防检查机关可以对出境入境人员携带的物品实施边防检查。必要时，出入境边防检查机关可以对出境入境交通运输工具载运的货物实施边防检查，但是应当通知海关。

第七条 经国务院批准，公安部、外交部根据出境入境管理的需要，可以对留存出境入境人员的指纹等人体生物识别信息作出规定。

外国政府对中国公民签发签证、出境入境管理有特别规定的，中国政府可以根据情况采取相应的对等措施。

第八条 履行出境入境管理职责的部门和机构应当切实采取措施，不断提升服务和管理水平，公正执法，便民高效，维护安全、便捷的出境入境秩序。

第二章　中国公民出境入境

第九条 中国公民出境入境，应当依法申请办理护照或者其他旅行证件。

中国公民前往其他国家或者地区，还需要取得前往国签证或者其他入境许可证明。但是，中国政府与其他国家政府签订互免签证协议或者公安部、外交部另有规定的除外。

中国公民以海员身份出境入境和在国外船舶上从事工作的，应当依法申请办理海员证。

第十条 中国公民往来内地与香港特别行政区、澳门特别行政区，中国公民往来大陆与台湾地区，应当依法申请办理通行证件，并遵守本法有关规定。具体管理办法由国务院规定。

第十一条 中国公民出境入境，应当向出入境边防检查机关交验本人的护照或者其他旅行证件等出境入境证件，履行规定的手续，经查验准许，方可出境入境。

具备条件的口岸，出入境边防检查机关应当为中国公民出境入境提供专用通道等便利措施。

第十二条 中国公民有下列情形之一的，不准出境：

（一）未持有效出境入境证件或者拒绝、逃避接受边防检查的；

（二）被判处刑罚尚未执行完毕或者属于刑事案件被告人、犯罪嫌疑人的；

（三）有未了结的民事案件，人民法院决定不准出境的；

（四）因妨害国（边）境管理受到刑事处罚或者因非法出境、非法居留、非法就业被其他国家或者地区遣返，未满不准出境规定年限的；

（五）可能危害国家安全和利益，国务院有关主管部门决定不准出境的；

（六）法律、行政法规规定不准出境的其他情形。

第十三条 定居国外的中国公民要求回国定居的，应当在入境前向中华人民共和国驻外使馆、领馆或者外交部委托的其他驻外机构提出申请，也可以由本人或者经由国内亲属向拟定居地的县级以上地方人民政府侨务部门提出申请。

第十四条 定居国外的中国公民在中国境内办理金融、教育、医疗、交通、电信、社会保险、财产登记等事务需要提供身份证明的，可以凭本人的护照证明其身份。

第三章 外国人入境出境

第一节 签 证

第十五条 外国人入境，应当向驻外签证机关申请办理签证，但是本法另有规定的除外。

第十六条　签证分为外交签证、礼遇签证、公务签证、普通签证。

对因外交、公务事由入境的外国人，签发外交、公务签证；对因身份特殊需要给予礼遇的外国人，签发礼遇签证。外交签证、礼遇签证、公务签证的签发范围和签发办法由外交部规定。

对因工作、学习、探亲、旅游、商务活动、人才引进等非外交、公务事由入境的外国人，签发相应类别的普通签证。普通签证的类别和签发办法由国务院规定。

第十七条　签证的登记项目包括：签证种类，持有人姓名、性别、出生日期、入境次数、入境有效期、停留期限，签发日期、地点，护照或者其他国际旅行证件号码等。

第十八条　外国人申请办理签证，应当向驻外签证机关提交本人的护照或者其他国际旅行证件，以及申请事由的相关材料，按照驻外签证机关的要求办理相关手续、接受面谈。

第十九条　外国人申请办理签证需要提供中国境内的单位或者个人出具的邀请函件的，申请人应当按照驻外签证机关的要求提供。出具邀请函件的单位或者个人应当对邀请内容的真实性负责。

第二十条　出于人道原因需要紧急入境，应邀入境从事紧急商务、工程抢修或者具有其他紧急入境需要并持有有关主管部门同意在口岸申办签证的证明材料的外国人，可以在国务院批准办理口岸签证业务的口岸，向公安部委托的口岸签证机关（以下简称口岸签证机关）申请办理口岸签证。

旅行社按照国家有关规定组织入境旅游的，可以向口岸签证机关申请办理团体旅游签证。

外国人向口岸签证机关申请办理签证，应当提交本人的护照或者其他国际旅行证件，以及申请事由的相关材料，按照口岸签证机关的要求办理相关手续，并从申请签证的口岸入境。

口岸签证机关签发的签证一次入境有效，签证注明的停留期限不得超过三十日。

第二十一条 外国人有下列情形之一的，不予签发签证：

（一）被处驱逐出境或者被决定遣送出境，未满不准入境规定年限的；

（二）患有严重精神障碍、传染性肺结核病或者有可能对公共卫生造成重大危害的其他传染病的；

（三）可能危害中国国家安全和利益、破坏社会公共秩序或者从事其他违法犯罪活动的；

（四）在申请签证过程中弄虚作假或者不能保障在中国境内期间所需费用的；

（五）不能提交签证机关要求提交的相关材料的；

（六）签证机关认为不宜签发签证的其他情形。

对不予签发签证的，签证机关可以不说明理由。

第二十二条 外国人有下列情形之一的，可以免办签证：

（一）根据中国政府与其他国家政府签订的互免签证协议，属于免办签证人员的；

（二）持有效的外国人居留证件的；

（三）持联程客票搭乘国际航行的航空器、船舶、列车从中国过境前往第三国或者地区，在中国境内停留不超过二十四小时且不离开口岸，或者在国务院批准的特定区域内停留不超过规定时限的；

（四）国务院规定的可以免办签证的其他情形。

第二十三条 有下列情形之一的外国人需要临时入境的，应当向出入境边防检查机关申请办理临时入境手续：

（一）外国船员及其随行家属登陆港口所在城市的；

（二）本法第二十二条第三项规定的人员需要离开口岸的；

（三）因不可抗力或者其他紧急原因需要临时入境的。

临时入境的期限不得超过十五日。

对申请办理临时入境手续的外国人，出入境边防检查机关可以要求外国人本人、载运其入境的交通运输工具的负责人或者交通运输工具出境入境业务代理单位提供必要的保证措施。

第二节　入　境　出　境

第二十四条 外国人入境，应当向出入境边防检查机关交验本人的护照或者其他国际旅行证件、签证或者其他入境许可证明，履行规定的手续，经查验准许，方可入境。

第二十五条 外国人有下列情形之一的，不准入境：

（一）未持有效出境入境证件或者拒绝、逃避接受边防检查的；

（二）具有本法第二十一条第一款第一项至第四项规定情形的；

（三）入境后可能从事与签证种类不符的活动的；

（四）法律、行政法规规定不准入境的其他情形。

对不准入境的，出入境边防检查机关可以不说明理由。

第二十六条 对未被准许入境的外国人，出入境边防检查机关应当责令其返回；对拒不返回的，强制其返回。外国人等待返回期间，不得离开限定的区域。

第二十七条 外国人出境，应当向出入境边防检查机关交验本人的护照或者其他国际旅行证件等出境入境证件，履行规定的手续，经查验准许，方可出境。

第二十八条 外国人有下列情形之一的，不准出境：

（一）被判处刑罚尚未执行完毕或者属于刑事案件被告人、犯罪嫌疑人的，但是按照中国与外国签订的有关协议，移管被判刑人的除外；

（二）有未了结的民事案件，人民法院决定不准出境的；

（三）拖欠劳动者的劳动报酬，经国务院有关部门或者省、自治区、直辖市人民政府决定不准出境的；

（四）法律、行政法规规定不准出境的其他情形。

第四章　外国人停留居留

第一节　停留居留

第二十九条　外国人所持签证注明的停留期限不超过一百八十日的，持证人凭签证并按照签证注明的停留期限在中国境内停留。

需要延长签证停留期限的，应当在签证注明的停留期限届满七日前向停留地县级以上地方人民政府公安机关出入境管理机构申请，按照要求提交申请事由的相关材料。经审查，延期理由合理、充分的，准予延长停留期限；不予延长停留期限的，应当按期离境。

延长签证停留期限，累计不得超过签证原注明的停留期限。

第三十条　外国人所持签证注明入境后需要办理居留证件的，应当自入境之日起三十日内，向拟居留地县级以上地方人民政府公安机关出入境管理机构申请办理外国人居留证件。

申请办理外国人居留证件，应当提交本人的护照或者其他国际旅行证件，以及申请事由的相关材料，并留存指纹等人体生物识别信息。公安机关出入境管理机构应当自收到申请材料之日起十五日内进行审查并作出审查决定，根据居留事由签发相应类别和期限的外国人居留证件。

外国人工作类居留证件的有效期最短为九十日，最长为五年；非工作类居留证件的有效期最短为一百八十日，最长为五年。

第三十一条 外国人有下列情形之一的，不予签发外国人居留证件：

（一）所持签证类别属于不应办理外国人居留证件的；

（二）在申请过程中弄虚作假的；

（三）不能按照规定提供相关证明材料的；

（四）违反中国有关法律、行政法规，不适合在中国境内居留的；

（五）签发机关认为不宜签发外国人居留证件的其他情形。

符合国家规定的专门人才、投资者或者出于人道等原因确需由停留变更为居留的外国人，经设区的市级以上地方人民政府公安机关出入境管理机构批准可以办理外国人居留证件。

第三十二条 在中国境内居留的外国人申请延长居留期限的，应当在居留证件有效期限届满三十日前向居留地县级以上地方人民政府公安机关出入境管理机构提出申请，按照要求提交申请事由的相关材料。经审查，延期理由合理、充分的，准予延长居留期限；不予延长居留期限的，应当按期离境。

第三十三条 外国人居留证件的登记项目包括：持有人姓名、性别、出生日期、居留事由、居留期限，签发日期、地点，护照或者其他国际旅行证件号码等。

外国人居留证件登记事项发生变更的，持证件人应当自登记事项发生变更之日起十日内向居留地县级以上地方人民政府公安机关出入境管理机构申请办理变更。

第三十四条 免办签证入境的外国人需要超过免签期限在中国境内停留的，外国船员及其随行家属在中国境内停留需要离开港口所在城市，或者具有需要办理外国人停留证件其他情形的，应当按照规定办理外国人停留证件。

外国人停留证件的有效期最长为一百八十日。

第三十五条 外国人入境后，所持的普通签证、停留居留证件损毁、遗失、被盗抢或者有符合国家规定的事由需要换发、补发的，应当按照规定向停留居留地县级以上地方人民政府公安机关出入境管理机构提出申请。

第三十六条 公安机关出入境管理机构作出的不予办理普通签证延期、换发、补发，不予办理外国人停留居留证件、不予延长居留期限的决定为最终决定。

第三十七条 外国人在中国境内停留居留，不得从事与停留居留事由不相符的活动，并应当在规定的停留居留期限届满前离境。

第三十八条 年满十六周岁的外国人在中国境内停留居

留，应当随身携带本人的护照或者其他国际旅行证件，或者外国人停留居留证件，接受公安机关的查验。

在中国境内居留的外国人，应当在规定的时间内到居留地县级以上地方人民政府公安机关交验外国人居留证件。

第三十九条 外国人在中国境内旅馆住宿的，旅馆应当按照旅馆业治安管理的有关规定为其办理住宿登记，并向所在地公安机关报送外国人住宿登记信息。

外国人在旅馆以外的其他住所居住或者住宿的，应当在入住后二十四小时内由本人或者留宿人，向居住地的公安机关办理登记。

第四十条 在中国境内出生的外国婴儿，其父母或者代理人应当在婴儿出生六十日内，持该婴儿的出生证明到父母停留居留地县级以上地方人民政府公安机关出入境管理机构为其办理停留或者居留登记。

外国人在中国境内死亡的，其家属、监护人或者代理人，应当按照规定，持该外国人的死亡证明向县级以上地方人民政府公安机关出入境管理机构申报，注销外国人停留居留证件。

第四十一条 外国人在中国境内工作，应当按照规定取得工作许可和工作类居留证件。任何单位和个人不得聘用未取得工作许可和工作类居留证件的外国人。

外国人在中国境内工作管理办法由国务院规定。

第四十二条 国务院人力资源社会保障主管部门、外国专家主管部门会同国务院有关部门根据经济社会发展需要和人力资源供求状况制定并定期调整外国人在中国境内工作指导目录。

国务院教育主管部门会同国务院有关部门建立外国留学生勤工助学管理制度，对外国留学生勤工助学的岗位范围和时限作出规定。

第四十三条　外国人有下列行为之一的，属于非法就业：

（一）未按照规定取得工作许可和工作类居留证件在中国境内工作的；

（二）超出工作许可限定范围在中国境内工作的；

（三）外国留学生违反勤工助学管理规定，超出规定的岗位范围或者时限在中国境内工作的。

第四十四条　根据维护国家安全、公共安全的需要，公安机关、国家安全机关可以限制外国人、外国机构在某些地区设立居住或者办公场所；对已经设立的，可以限期迁离。

未经批准，外国人不得进入限制外国人进入的区域。

第四十五条　聘用外国人工作或者招收外国留学生的单位，应当按照规定向所在地公安机关报告有关信息。

公民、法人或者其他组织发现外国人有非法入境、非法居留、非法就业情形的，应当及时向所在地公安机关报告。

第四十六条　申请难民地位的外国人，在难民地位甄别期间，可以凭公安机关签发的临时身份证明在中国境内停留；被认定为难民的外国人，可以凭公安机关签发的难民身份证件在中国境内停留居留。

第二节 永久居留

第四十七条 对中国经济社会发展作出突出贡献或者符合其他在中国境内永久居留条件的外国人，经本人申请和公安部批准，取得永久居留资格。

外国人在中国境内永久居留的审批管理办法由公安部、外交部会同国务院有关部门规定。

第四十八条 取得永久居留资格的外国人，凭永久居留证件在中国境内居留和工作，凭本人的护照和永久居留证件出境入境。

第四十九条 外国人有下列情形之一的，由公安部决定取消其在中国境内永久居留资格：

（一）对中国国家安全和利益造成危害的；
（二）被处驱逐出境的；
（三）弄虚作假骗取在中国境内永久居留资格的；
（四）在中国境内居留未达到规定时限的；
（五）不适宜在中国境内永久居留的其他情形。

第五章 交通运输工具出境入境边防检查

第五十条 出境入境交通运输工具离开、抵达口岸时，应当接受边防检查。对交通运输工具的入境边防检查，在其最先抵达的口岸进行；对交通运输工具的出境边防检查，在其最后离开的口岸进行。特殊情况下，可以在有关主管机关指定的地点进行。

出境的交通运输工具自出境检查后至出境前，入境的交通运输工具自入境后至入境检查前，未经出入境边防检查机关按照规定程序许可，不得上下人员、装卸货物或者物品。

第五十一条 交通运输工具负责人或者交通运输工具出境入境业务代理单位应当按照规定提前向出入境边防检查机关报告入境、出境的交通运输工具抵达、离开口岸的时间和停留地点，如实申报员工、旅客、货物或者物品等信息。

第五十二条 交通运输工具负责人、交通运输工具出境入境业务代理单位应当配合出境入境边防检查，发现违反本法规定行为的，应当立即报告并协助调查处理。

入境交通运输工具载运不准入境人员的，交通运输工具负责人应当负责载离。

第五十三条 出入境边防检查机关按照规定对处于下列情形之一的出境入境交通运输工具进行监护：

（一）出境的交通运输工具在出境边防检查开始后至出境前、入境的交通运输工具在入境后至入境边防检查完成前；

（二）外国船舶在中国内河航行期间；

（三）有必要进行监护的其他情形。

第五十四条　因装卸物品、维修作业、参观访问等事由需要上下外国船舶的人员，应当向出入境边防检查机关申请办理登轮证件。

中国船舶与外国船舶或者外国船舶之间需要搭靠作业的，应当由船长或者交通运输工具出境入境业务代理单位向出入境边防检查机关申请办理船舶搭靠手续。

第五十五条　外国船舶、航空器在中国境内应当按照规定的路线、航线行驶。

出境入境的船舶、航空器不得驶入对外开放口岸以外地区。因不可预见的紧急情况或者不可抗力驶入的，应当立即向就近的出入境边防检查机关或者当地公安机关报告，并接受监护和管理。

第五十六条　交通运输工具有下列情形之一的，不准出境入境；已经驶离口岸的，可以责令返回：

（一）离开、抵达口岸时，未经查验准许擅自出境入境的；

（二）未经批准擅自改变出境入境口岸的；

（三）涉嫌载有不准出境入境人员，需要查验核实的；

（四）涉嫌载有危害国家安全、利益和社会公共秩序的物品，需要查验核实的；

（五）拒绝接受出入境边防检查机关管理的其他情形。

前款所列情形消失后，出入境边防检查机关对有关交通运输工具应当立即放行。

第五十七条 从事交通运输工具出境入境业务代理的单位，应当向出入境边防检查机关备案。从事业务代理的人员，由所在单位向出入境边防检查机关办理备案手续。

第六章 调查和遣返

第五十八条 本章规定的当场盘问、继续盘问、拘留审查、限制活动范围、遣送出境措施，由县级以上地方人民政府公安机关或者出入境边防检查机关实施。

第五十九条 对涉嫌违反出境入境管理的人员，可以当场盘问；经当场盘问，有下列情形之一的，可以依法继续盘问：

（一）有非法出境入境嫌疑的；

（二）有协助他人非法出境入境嫌疑的；

（三）外国人有非法居留、非法就业嫌疑的；

（四）有危害国家安全和利益，破坏社会公共秩序或者从事其他违法犯罪活动嫌疑的。

当场盘问和继续盘问应当依据《中华人民共和国人民警察法》规定的程序进行。

县级以上地方人民政府公安机关或者出入境边防检查机关需要传唤涉嫌违反出境入境管理的人员的，依照《中华人民共和国治安管理处罚法》的有关规定执行。

第六十条 外国人有本法第五十九条第一款规定情形之一的，经当场盘问或者继续盘问后仍不能排除嫌疑，需要作进一步调查的，可以拘留审查。

实施拘留审查，应当出示拘留审查决定书，并在二十四小时内进行询问。发现不应当拘留审查的，应当立即解除拘留审查。

拘留审查的期限不得超过三十日；案情复杂的，经上一级地方人民政府公安机关或者出入境边防检查机关批准可以延长至六十日。对国籍、身份不明的外国人，拘留审查期限自查清其国籍、身份之日起计算。

第六十一条　外国人有下列情形之一的，不适用拘留审查，可以限制其活动范围：

（一）患有严重疾病的；

（二）怀孕或者哺乳自己不满一周岁婴儿的；

（三）未满十六周岁或者已满七十周岁的；

（四）不宜适用拘留审查的其他情形。

被限制活动范围的外国人，应当按照要求接受审查，未经公安机关批准，不得离开限定的区域。限制活动范围的期限不得超过六十日。对国籍、身份不明的外国人，限制活动范围期限自查清其国籍、身份之日起计算。

第六十二条　外国人有下列情形之一的，可以遣送出境：

（一）被处限期出境，未在规定期限内离境的；

（二）有不准入境情形的；

（三）非法居留、非法就业的；

（四）违反本法或者其他法律、行政法规需要遣送出境的。

其他境外人员有前款所列情形之一的，可以依法遣送出境。

被遣送出境的人员，自被遣送出境之日起一至五年内不准入境。

第六十三条　被拘留审查或者被决定遣送出境但不能立即执行的人员，应当羁押在拘留所或者遣返场所。

第六十四条　外国人对依照本法规定对其实施的继续盘问、拘留审查、限制活动范围、遣送出境措施不服的，可以依法申请行政复议，该行政复议决定为最终决定。

其他境外人员对依照本法规定对其实施的遣送出境措施不服，申请行政复议的，适用前款规定。

第六十五条　对依法决定不准出境或者不准入境的人员，决定机关应当按照规定及时通知出入境边防检查机关；不准出境、入境情形消失的，决定机关应当及时撤销不准出境、入境决定，并通知出入境边防检查机关。

第六十六条　根据维护国家安全和出境入境管理秩序的需要，必要时，出入境边防检查机关可以对出境入境的人员进行人身检查。人身检查应当由两名与受检查人同性别的边防检查人员进行。

第六十七条　签证、外国人停留居留证件等出境入境证件发生损毁、遗失、被盗抢或者签发后发现持证人不符合签发条件等情形的，由签发机关宣布该出境入境证件作废。

伪造、变造、骗取或者被证件签发机关宣布作废的出境入境证件无效。

公安机关可以对前款规定的或被他人冒用的出境入境证件予以注销或者收缴。

第六十八条 对用于组织、运送、协助他人非法出境入境的交通运输工具，以及需要作为办案证据的物品，公安机关可以扣押。

对查获的违禁物品，涉及国家秘密的文件、资料以及用于实施违反出境入境管理活动的工具等，公安机关应当予以扣押，并依照相关法律、行政法规规定处理。

第六十九条 出境入境证件的真伪由签发机关、出入境边防检查机关或者公安机关出入境管理机构认定。

第七章 法 律 责 任

第七十条 本章规定的行政处罚，除本章另有规定外，由县级以上地方人民政府公安机关或者出入境边防检查机关决定；其中警告或者五千元以下罚款，可以由县级以上地方人民政府公安机关出入境管理机构决定。

第七十一条 有下列行为之一的，处一千元以上五千元以下罚款；情节严重的，处五日以上十日以下拘留，可以并处二千元以上一万元以下罚款：

（一）持用伪造、变造、骗取的出境入境证件出境入境的；

（二）冒用他人出境入境证件出境入境的；

（三）逃避出境入境边防检查的；

（四）以其他方式非法出境入境的。

第七十二条　协助他人非法出境入境的，处二千元以上一万元以下罚款；情节严重的，处十日以上十五日以下拘留，并处五千元以上二万元以下罚款，有违法所得的，没收违法所得。

单位有前款行为的，处一万元以上五万元以下罚款，有违法所得的，没收违法所得，并对其直接负责的主管人员和其他直接责任人员依照前款规定予以处罚。

第七十三条　弄虚作假骗取签证、停留居留证件等出境入境证件的，处二千元以上五千元以下罚款；情节严重的，处十日以上十五日以下拘留，并处五千元以上二万元以下罚款。

单位有前款行为的，处一万元以上五万元以下罚款，并对其直接负责的主管人员和其他直接责任人员依照前款规定予以处罚。

第七十四条　违反本法规定，为外国人出具邀请函件或者其他申请材料的，处五千元以上一万元以下罚款，有违法所得的，没收违法所得，并责令其承担所邀请外国人的出境费用。

单位有前款行为的，处一万元以上五万元以下罚款，有违法所得的，没收违法所得，并责令其承担所邀请外国人的出境费用，对其直接负责的主管人员和其他直接责任人员依照前款规定予以处罚。

第七十五条 中国公民出境后非法前往其他国家或者地区被遣返的，出入境边防检查机关应当收缴其出境入境证件，出境入境证件签发机关自其被遣返之日起六个月至三年以内不予签发出境入境证件。

第七十六条 有下列情形之一的，给予警告，可以并处二千元以下罚款：

（一）外国人拒不接受公安机关查验其出境入境证件的；

（二）外国人拒不交验居留证件的；

（三）未按照规定办理外国人出生登记、死亡申报的；

（四）外国人居留证件登记事项发生变更，未按照规定办理变更的；

（五）在中国境内的外国人冒用他人出境入境证件的；

（六）未按照本法第三十九条第二款规定办理登记的。

旅馆未按照规定办理外国人住宿登记的，依照《中华人民共和国治安管理处罚法》的有关规定予以处罚；未按照规定向公安机关报送外国人住宿登记信息的，给予警告；情节严重的，处一千元以上五千元以下罚款。

第七十七条 外国人未经批准，擅自进入限制外国人进入的区域，责令立即离开；情节严重的，处五日以上十日以下拘留。对外国人非法获取的文字记录、音像资料、电子数据和其他物品，予以收缴或者销毁，所用工具予以收缴。

外国人、外国机构违反本法规定，拒不执行公安机关、国家安全机关限期迁离决定的，给予警告并强制迁离；情节严重的，对有关责任人员处五日以上十五日以下拘留。

第七十八条　外国人非法居留的，给予警告；情节严重的，处每非法居留一日五百元，总额不超过一万元的罚款或者五日以上十五日以下拘留。

因监护人或者其他负有监护责任的人未尽到监护义务，致使未满十六周岁的外国人非法居留的，对监护人或者其他负有监护责任的人给予警告，可以并处一千元以下罚款。

第七十九条　容留、藏匿非法入境、非法居留的外国人，协助非法入境、非法居留的外国人逃避检查，或者为非法居留的外国人违法提供出境入境证件的，处二千元以上一万元以下罚款；情节严重的，处五日以上十五日以下拘留，并处五千元以上二万元以下罚款，有违法所得的，没收违法所得。

单位有前款行为的，处一万元以上五万元以下罚款，有违法所得的，没收违法所得，并对其直接负责的主管人员和其他直接责任人员依照前款规定予以处罚。

第八十条　外国人非法就业的，处五千元以上二万元以下罚款；情节严重的，处五日以上十五日以下拘留，并处五千元以上二万元以下罚款。

介绍外国人非法就业的，对个人处每非法介绍一人五千元，总额不超过五万元的罚款；对单位处每非法介绍一人五千元，总额不超过十万元的罚款；有违法所得的，没收违法所得。

非法聘用外国人的，处每非法聘用一人一万元，总额不超过十万元的罚款；有违法所得的，没收违法所得。

第八十一条 外国人从事与停留居留事由不相符的活动，或者有其他违反中国法律、法规规定，不适宜在中国境内继续停留居留情形的，可以处限期出境。

外国人违反本法规定，情节严重，尚不构成犯罪的，公安部可以处驱逐出境。公安部的处罚决定为最终决定。

被驱逐出境的外国人，自被驱逐出境之日起十年内不准入境。

第八十二条 有下列情形之一的，给予警告，可以并处二千元以下罚款：

（一）扰乱口岸限定区域管理秩序的；

（二）外国船员及其随行家属未办理临时入境手续登陆的；

（三）未办理登轮证件上下外国船舶的。

违反前款第一项规定，情节严重的，可以并处五日以上十日以下拘留。

第八十三条 交通运输工具有下列情形之一的，对其负责人处五千元以上五万元以下罚款：

（一）未经查验准许擅自出境入境或者未经批准擅自改变出境入境口岸的；

（二）未按照规定如实申报员工、旅客、货物或者物品等信息，或者拒绝协助出境入境边防检查的；

（三）违反出境入境边防检查规定上下人员、装卸货物或者物品的。

出境入境交通运输工具载运不准出境入境人员出境入境的，处每载运一人五千元以上一万元以下罚款。交通运输工具负责人证明其已经采取合理预防措施的，可以减轻或者免予处罚。

第八十四条 交通运输工具有下列情形之一的，对其负责人处二千元以上二万元以下罚款：

（一）中国或者外国船舶未经批准擅自搭靠外国船舶的；

（二）外国船舶、航空器在中国境内未按照规定的路线、航线行驶的；

（三）出境入境的船舶、航空器违反规定驶入对外开放口岸以外地区的。

第八十五条 履行出境入境管理职责的工作人员，有下列行为之一的，依法给予处分：

（一）违反法律、行政法规，为不符合规定条件的外国人签发签证、外国人停留居留证件等出境入境证件的；

（二）违反法律、行政法规，审核验放不符合规定条件的人员或者交通运输工具出境入境的；

（三）泄露在出境入境管理工作中知悉的个人信息，侵害当事人合法权益的；

（四）不按照规定将依法收取的费用、收缴的罚款及没收的违法所得、非法财物上缴国库的；

（五）私分、侵占、挪用罚没、扣押的款物或者收取的费用的；

（六）滥用职权、玩忽职守、徇私舞弊，不依法履行法定职责的其他行为。

第八十六条　对违反出境入境管理行为处五百元以下罚款的，出入境边防检查机关可以当场作出处罚决定。

第八十七条　对违反出境入境管理行为处罚款的，被处罚人应当自收到处罚决定书之日起十五日内，到指定的银行缴纳罚款。被处罚人在所在地没有固定住所，不当场收缴罚款事后难以执行或者在口岸向指定银行缴纳罚款确有困难的，可以当场收缴。

第八十八条　违反本法规定，构成犯罪的，依法追究刑事责任。

第八章　附　　则

第八十九条　本法下列用语的含义：

出境，是指由中国内地前往其他国家或者地区，由中国内地前往香港特别行政区、澳门特别行政区，由中国大陆前往台湾地区。

入境，是指由其他国家或者地区进入中国内地，由香港特别行政区、澳门特别行政区进入中国内地，由台湾地区进入中国大陆。

外国人，是指不具有中国国籍的人。

第九十条 经国务院批准，同毗邻国家接壤的省、自治区可以根据中国与有关国家签订的边界管理协定制定地方性法规、地方政府规章，对两国边境接壤地区的居民往来作出规定。

第九十一条 外国驻中国的外交代表机构、领事机构成员以及享有特权和豁免的其他外国人，其入境出境及停留居留管理，其他法律另有规定的，依照其规定。

第九十二条 外国人申请办理签证、外国人停留居留证件等出境入境证件或者申请办理证件延期、变更的，应当按照规定缴纳签证费、证件费。

第九十三条 本法自2013年7月1日起施行。《中华人民共和国外国人入境出境管理法》和《中华人民共和国公民出境入境管理法》同时废止。

中华人民共和国
外国人入境出境管理条例

(2013年7月12日中华人民共和国国务院令第637号公布 根据2025年8月7日《国务院关于修改〈中华人民共和国外国人入境出境管理条例〉的决定》修订)

第一章 总 则

第一条 为了规范签证的签发和外国人在中国境内停留居留的服务和管理,根据《中华人民共和国出境入境管理法》(以下简称出境入境管理法)制定本条例。

第二条 国家建立外国人入境出境服务和管理工作协调机制,加强外国人入境出境服务和管理工作的统筹、协调与配合。

省、自治区、直辖市人民政府可以根据需要建立外国人入境出境服务和管理工作协调机制,加强信息交流与协调配合,做好本行政区域的外国人入境出境服务和管理工作。

第三条 公安部应当会同国务院有关部门建立外国人入

境出境服务和管理信息平台，实现有关信息的共享。

第四条　在签证签发管理和外国人在中国境内停留居留管理工作中，外交部、公安部等国务院部门应当在部门门户网站、受理出境入境证件申请的地点等场所，提供外国人入境出境管理法律法规和其他需要外国人知悉的信息。

第二章　签证的类别和签发

第五条　外交签证、礼遇签证、公务签证的签发范围和签发办法由外交部规定。

第六条　普通签证分为以下类别，并在签证上标明相应的汉语拼音字母：

（一）C字签证，发给执行乘务、航空、航运任务的国际列车乘务员、国际航空器机组人员、国际航行船舶的船员及船员随行家属和从事国际道路运输的汽车驾驶员。

（二）D字签证，发给入境永久居留的人员。

（三）F字签证，发给入境从事交流、访问、考察等活动的人员。

（四）G字签证，发给经中国过境的人员。

（五）J1字签证，发给外国常驻中国新闻机构的外国常驻记者；J2字签证，发给入境进行短期采访报道的外国记者。

（六）K字签证，发给入境的外国青年科技人才。

（七）L字签证，发给入境旅游的人员；以团体形式入境旅游的，可以签发团体L字签证。

（八）M字签证，发给入境进行商业贸易活动的人员。

（九）Q1字签证，发给因家庭团聚申请入境居留的中国公民的家庭成员和具有中国永久居留资格的外国人的家庭成员，以及因寄养等原因申请入境居留的人员；Q2字签证，发给申请入境短期探亲的居住在中国境内的中国公民的亲属和具有中国永久居留资格的外国人的亲属。

（十）R字签证，发给国家需要的外国高层次人才和急需紧缺专门人才。

（十一）S1字签证，发给申请入境长期探亲的因工作、学习等事由在中国境内居留的外国人的配偶、父母、未满18周岁的子女、配偶的父母，以及因其他私人事务需要在中国境内居留的人员；S2字签证，发给申请入境短期探亲的因工作、学习等事由在中国境内停留居留的外国人的家庭成员，以及因其他私人事务需要在中国境内停留的人员。

（十二）X1字签证，发给申请在中国境内长期学习的人员；X2字签证，发给申请在中国境内短期学习的人员。

（十三）Z字签证，发给申请在中国境内工作的人员。

第七条 外国人申请办理签证，应当填写申请表，提交本人的护照或者其他国际旅行证件以及符合规定的照片和申请事由的相关材料。

（一）申请C字签证，应当提交外国运输公司出具的担保函件或者中国境内有关单位出具的邀请函件。

（二）申请 D 字签证，应当提交公安部签发的外国人永久居留身份确认表。

（三）申请 F 字签证，应当提交中国境内的邀请方出具的邀请函件。

（四）申请 G 字签证，应当提交前往国家（地区）的已确定日期、座位的联程机（车、船）票。

（五）申请 J1 字及 J2 字签证，应当按照中国有关外国常驻新闻机构和外国记者采访的规定履行审批手续并提交相应的申请材料。

（六）申请 K 字签证，应当符合中国政府有关主管部门规定的外国青年科技人才的条件和要求，并提交相应的证明材料。

（七）申请 L 字签证，应当按照要求提交旅行计划行程安排等材料；以团体形式入境旅游的，还应当提交旅行社出具的邀请函件。

（八）申请 M 字签证，应当按照要求提交中国境内商业贸易合作方出具的邀请函件。

（九）申请 Q1 字签证，因家庭团聚申请入境居留的，应当提交居住在中国境内的中国公民、具有永久居留资格的外国人出具的邀请函件和家庭成员关系证明，因寄养等原因申请入境的，应当提交委托书等证明材料；申请 Q2 字签证，应当提交居住在中国境内的中国公民、具有永久居留资格的外国人出具的邀请函件等证明材料。

（十）申请R字签证，应当符合中国政府有关主管部门确定的外国高层次人才和急需紧缺专门人才的引进条件和要求，并按照规定提交相应的证明材料。

（十一）申请S1字及S2字签证，应当按照要求提交因工作、学习等事由在中国境内停留居留的外国人出具的邀请函件、家庭成员关系证明，或者入境处理私人事务所需的证明材料。

（十二）申请X1字签证应当按照规定提交招收单位出具的录取通知书和主管部门出具的证明材料；申请X2字签证，应当按照规定提交招收单位出具的录取通知书等证明材料。

（十三）申请Z字签证，应当按照规定提交工作许可等证明材料。

签证机关可以根据具体情况要求外国人提交其他申请材料。

第八条 外国人有下列情形之一的，应当按照驻外签证机关要求接受面谈：

（一）申请入境居留的；

（二）个人身份信息、入境事由需要进一步核实的；

（三）曾有不准入境、被限期出境记录的；

（四）有必要进行面谈的其他情形。

驻外签证机关签发签证需要向中国境内有关部门、单位核实有关信息的，中国境内有关部门、单位应当予以配合。

第九条 签证机关经审查认为符合签发条件的，签发相应类别签证。对入境后需要办理居留证件的，签证机关应当在签证上注明入境后办理居留证件的时限。

第三章 停留居留管理

第十条 外国人持签证入境后，按照国家规定可以变更停留事由、给予入境便利的，或者因使用新护照、持团体签证入境后由于客观原因需要分团停留的，可以向停留地县级以上地方人民政府公安机关出入境管理机构申请换发签证。

第十一条 在中国境内的外国人所持签证遗失、损毁、被盗抢的，应当及时向停留地县级以上地方人民政府公安机关出入境管理机构申请补发签证。

第十二条 外国人申请签证的延期、换发、补发和申请办理停留证件，应当填写申请表，提交本人的护照或者其他国际旅行证件以及符合规定的照片和申请事由的相关材料。

第十三条 外国人申请签证延期、换发、补发和申请办理停留证件符合受理规定的，公安机关出入境管理机构应当出具有效期不超过7日的受理回执，并在受理回执有效期内作出是否签发的决定。

外国人申请签证延期、换发、补发和申请办理停留证件的手续或者材料不符合规定的，公安机关出入境管理机构应当一次性告知申请人需要履行的手续和补正的申请材料。

申请人所持护照或者其他国际旅行证件因办理证件被收

存期间，可以凭受理回执在中国境内合法停留。

第十四条 公安机关出入境管理机构作出的延长签证停留期限决定，仅对本次入境有效，不影响签证的入境次数和入境有效期，并且累计延长的停留期限不得超过原签证注明的停留期限。

签证停留期限延长后，外国人应当按照原签证规定的事由和延长的期限停留。

第十五条 居留证件分为以下种类：

（一）工作类居留证件，发给在中国境内工作的人员；

（二）学习类居留证件，发给在中国境内长期学习的人员；

（三）记者类居留证件，发给外国常驻中国新闻机构的外国常驻记者；

（四）团聚类居留证件，发给因家庭团聚需要在中国境内居留的中国公民的家庭成员和具有中国永久居留资格的外国人的家庭成员，以及因寄养等原因需要在中国境内居留的人员；

（五）私人事务类居留证件，发给入境长期探亲的因工作、学习等事由在中国境内居留的外国人的配偶、父母、未满18周岁的子女、配偶的父母，以及因其他私人事务需要在中国境内居留的人员。

第十六条 外国人申请办理外国人居留证件，应当提交本人护照或者其他国际旅行证件以及符合规定的照片和申请事由的相关材料，本人到居留地县级以上地方人民政府公安机关出入境管理机构办理相关手续，并留存指纹等人体生物识别信息。

（一）工作类居留证件，应当提交工作许可等证明材料；属于国家需要的外国高层次人才和急需紧缺专门人才的，应当按照规定提交有关证明材料。

（二）学习类居留证件，应当按照规定提交招收单位出具的注明学习期限的函件等证明材料。

（三）记者类居留证件，应当提交有关主管部门出具的函件和核发的记者证。

（四）团聚类居留证件，因家庭团聚需要在中国境内居留的，应当提交家庭成员关系证明和与申请事由相关的证明材料；因寄养等原因需要在中国境内居留的，应当提交委托书等证明材料。

（五）私人事务类居留证件，长期探亲的，应当按照要求提交亲属关系证明、被探望人的居留证件等证明材料；入境处理私人事务的，应当提交因处理私人事务需要在中国境内居留的相关证明材料。

外国人申请有效期1年以上的居留证件的，应当按照规定提交健康证明。健康证明自开具之日起6个月内有效。

第十七条 外国人申请办理居留证件的延期、换发、补发，应当填写申请表，提交本人的护照或者其他国际旅行证件以及符合规定的照片和申请事由的相关材料。

第十八条 外国人申请居留证件或者申请居留证件的延期、换发、补发符合受理规定的，公安机关出入境管理机构应当出具有效期不超过 15 日的受理回执，并在受理回执有效期内作出是否签发的决定。

外国人申请居留证件或者申请居留证件的延期、换发、补发的手续或者材料不符合规定的，公安机关出入境管理机构应当一次性告知申请人需要履行的手续和补正的申请材料。

申请人所持护照或者其他国际旅行证件因办理证件被收存期间，可以凭受理回执在中国境内合法居留。

第十九条 外国人申请签证和居留证件的延期、换发、补发，申请办理停留证件，有下列情形之一的，可以由邀请单位或者个人、申请人的亲属、有关专门服务机构代为申请：

（一）未满 16 周岁或者已满 60 周岁以及因疾病等原因行动不便的；

（二）非首次入境且在中国境内停留居留记录良好的；

（三）邀请单位或者个人对外国人在中国境内期间所需费用提供保证措施的。

外国人申请居留证件，属于国家需要的外国高层次人才和急需紧缺专门人才以及前款第一项规定情形的，可以由邀请单位或者个人、申请人的亲属、有关专门服务机构代为申请。

第二十条　公安机关出入境管理机构可以通过面谈、电话询问、实地调查等方式核实申请事由的真实性，申请人以及出具邀请函件、证明材料的单位或者个人应当予以配合。

第二十一条　公安机关出入境管理机构对有下列情形之一的外国人，不予批准签证和居留证件的延期、换发、补发，不予签发停留证件：

（一）不能按照规定提供申请材料的；

（二）在申请过程中弄虚作假的；

（三）违反中国有关法律、行政法规规定，不适合在中国境内停留居留的；

（四）不宜批准签证和居留证件的延期、换发、补发或者签发停留证件的其他情形。

第二十二条　持学习类居留证件的外国人需要在校外勤工助学或者实习的，应当经所在学校同意后，向公安机关出入境管理机构申请居留证件加注勤工助学或者实习地点、期限等信息。

持学习类居留证件的外国人所持居留证件未加注前款规定信息的，不得在校外勤工助学或者实习。

第二十三条　在中国境内的外国人因证件遗失、损毁、被盗抢等原因未持有效护照或者国际旅行证件，无法在本国驻中国有关机构补办的，可以向停留居留地县级以上地方人民政府公安机关出入境管理机构申请办理出境手续。

第二十四条　所持出境入境证件注明停留区域的外国

人、出入境边防检查机关批准临时入境且限定停留区域的外国人,应当在限定的区域内停留。

第二十五条 外国人在中国境内有下列情形之一的,属于非法居留:

(一) 超过签证、停留居留证件规定的停留居留期限停留居留的;

(二) 免办签证入境的外国人超过免签期限停留且未办理停留居留证件的;

(三) 外国人超出限定的停留居留区域活动的;

(四) 其他非法居留的情形。

第二十六条 聘用外国人工作或者招收外国留学生的单位,发现有下列情形之一的,应当及时向所在地县级以上地方人民政府公安机关出入境管理机构报告:

(一) 聘用的外国人离职或者变更工作地域的;

(二) 招收的外国留学生毕业、结业、肄业、退学,离开原招收单位的;

(三) 聘用的外国人、招收的外国留学生违反出境入境管理规定的;

(四) 聘用的外国人、招收的外国留学生出现死亡、失踪等情形的。

第二十七条 金融、教育、医疗、电信等单位在办理业务时需要核实外国人身份信息的,可以向公安机关出入境管理机构申请核实。

第二十八条　外国人因外交、公务事由在中国境内停留居留证件的签发管理，按照外交部的规定执行。

第四章　调查和遣返

第二十九条　公安机关根据实际需要可以设置遣返场所。

依照出境入境管理法第六十条的规定对外国人实施拘留审查的，应当在 24 小时内将被拘留审查的外国人送到拘留所或者遣返场所。

由于天气、当事人健康状况等原因无法立即执行遣送出境、驱逐出境的，应当凭相关法律文书将外国人羁押在拘留所或者遣返场所。

第三十条　依照出境入境管理法第六十一条的规定，对外国人限制活动范围的，应当出具限制活动范围决定书。被限制活动范围的外国人，应当在指定的时间到公安机关报到；未经决定机关批准，不得变更生活居所或者离开限定的区域。

第三十一条　依照出境入境管理法第六十二条的规定，对外国人实施遣送出境的，作出遣送出境决定的机关应当依法确定被遣送出境的外国人不准入境的具体期限。

第三十二条　外国人被遣送出境所需的费用由本人承担。本人无力承担的，属于非法就业的，由非法聘用的单位、个人承担；属于其他情形的，由对外国人在中国境内停留居留提供保证措施的单位或者个人承担。

遣送外国人出境，由县级以上地方人民政府公安机关或者出入境边防检查机关实施。

第三十三条 外国人被决定限期出境的，作出决定的机关应当在注销或者收缴其原出境入境证件后，为其补办停留手续并限定出境的期限。限定出境期限最长不得超过15日。

第三十四条 外国人有下列情形之一的，其所持签证、停留居留证件由签发机关宣布作废：

（一）签证、停留居留证件损毁、遗失、被盗抢的；

（二）被决定限期出境、遣送出境、驱逐出境，其所持签证、停留居留证件未被收缴或者注销的；

（三）原居留事由变更，未在规定期限内向公安机关出入境管理机构申报，经公安机关公告后仍未申报的；

（四）有出境入境管理法第二十一条、第三十一条规定的不予签发签证、居留证件情形的。

签发机关对签证、停留居留证件依法宣布作废的，可以当场宣布作废或者公告宣布作废。

第三十五条 外国人所持签证、停留居留证件有下列情形之一的，由公安机关注销或者收缴：

（一）被签发机关宣布作废或者被他人冒用的；

（二）通过伪造、变造、骗取或者其他方式非法获取的；

(三）持有人被决定限期出境、遣送出境、驱逐出境的。

作出注销或者收缴决定的机关应当及时通知签发机关。

第五章 附 则

第三十六条 本条例下列用语的含义：

（一）签证的入境次数，是指持证人在签证入境有效期内可以入境的次数。

（二）签证的入境有效期，是指持证人所持签证入境的有效时间范围。非经签发机关注明，签证自签发之日起生效，于有效期满当日北京时间24时失效。

（三）签证的停留期限，是指持证人每次入境后被准许停留的时限，自入境次日开始计算。

（四）短期，是指在中国境内停留不超过180日（含180日）。

（五）长期、常驻，是指在中国境内居留超过180日。

本条例规定的公安机关出入境管理机构审批期限和受理回执有效期以工作日计算，不含法定节假日。

第三十七条 经外交部批准，驻外签证机关可以委托当地有关机构承办外国人签证申请的接件、录入、咨询等服务性事务。

第三十八条 签证的式样由外交部会同公安部规定。停留居留证件的式样由公安部规定。

第三十九条 本条例自2013年9月1日起施行。1986

年 12 月 3 日国务院批准，1986 年 12 月 27 日公安部、外交部公布，1994 年 7 月 13 日、2010 年 4 月 24 日国务院修订的《中华人民共和国外国人入境出境管理法实施细则》同时废止。